Mi gatito fachoso solamente
come avena.

1

Mi gatito fachoso solamente
bebe crema.

Mi gatito fachoso solamente
duerme encima del cojín.

Mi gatito fachoso solamente
juega con mi calcetín.

Mi gatito fachoso solamente
quiere el estambre.

Mi gatito fachoso solamente
llora cuando tiene hambre.

Mi gatito fachoso...

solamente me quiere a mí.